CAHIERS

DE LA

SOCIÉTÉ DE GÉOGRAPHIE

DE HANOI

LE PHNOM KULÊN

(CAMBODGE)

PAR

Victor GOLOUBEW

Membre de l'École française d'Extrême-Orient.

HANOI

M.CM.XXIV

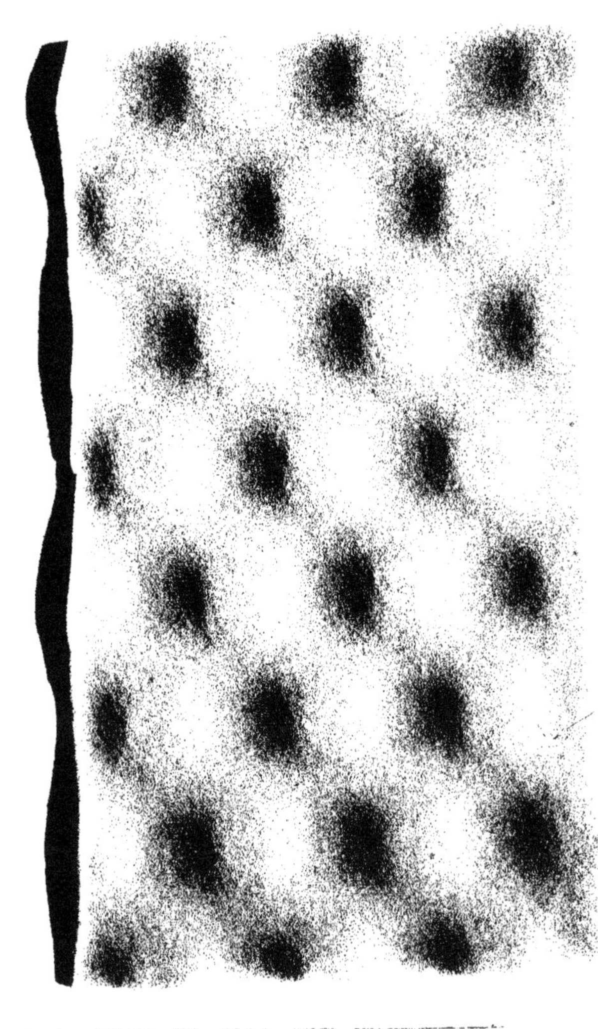

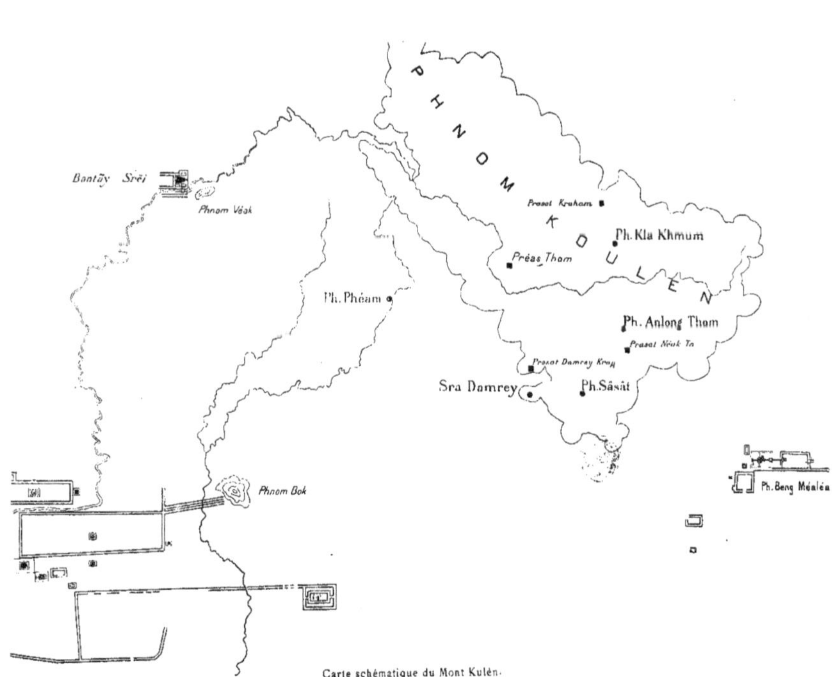

Carte schématique du Mont Kulèn.

LE PHNOM KULÈN

(CAMBODGE) [1]

I

Le Phnom ou Mont Kulèn tire son nom des letchis que l'on récolte sur ses pentes. Au dire des indigènes, les arbrisseaux qui portent ces fruits auraient été introduits dans la région, à une époque déjà lointaine, par des Chinois. Cette tradition n'a rien d'invraisemblable. Il existe bien au Cambodge diverses espèces de sapindacées forestières et notamment un letchi sauvage (*mien*), mais le vrai letchi, le *Litchi chinensis*, le Cerisier de Chine comme on l'appelait autrefois en France, n'y est pas connu, du moins, on ne le rencontre que rarement et dans des conditions qui paraissent établir son origine étrangère (2). Et c'est précisément de cette dernière variété qu'il s'agit.

Au temps de la domination siamoise, certaines gens de Siemréap étaient chargés de se rendre tous les ans au Phnom Kulèn et d'y recueillir les letchis destinés à la table du gouverneur. Fort probablement cet usage était le souvenir d'une redevance due jadis aux rois d'Angkor.

II

A l'époque de la splendeur khmère, le Phnom portait le nom sanscrit de *Mahendraparvata*, la Montagne du Grand Indra. Ce nom paraît fort bien choisi. Indra, on le sait, est le dieu védique des orages. Son attribut est le foudre. C'est le *Jupiter Pluvius* de la mythologie indienne. De nos jours encore l'arc en ciel s'appelle chez les Cambodgiens « l'arc d'Indra » (*enthnù*). Or, le massif du Kulèn exerce une grande attraction sur les orages qui s'amoncellent au-dessus du Grand Lac ; à l'approche du printemps, il s'entoure de nuages et d'éclairs, et des averses diluviennes inondent ses pentes longtemps avant qu'il ait plu sur Siemréap et la forêt d'Angkor.

---

(1) Conférence faite à la Société de géographie de Hanoi, le 4 novembre 1924.

(2) Sur le Letchi chinois et sa distribution géographique cf. Samuel COULING. *Encyclopædia Sinica*, Changhai, 1917, p. 307.

III

L'exacte position astronomique du Phnom Kulèn a été déterminée, en 1867, par Francis Garnier ; elle s'exprime par les coordonnées suivantes :

13° 25' 49 " lat. N. par 101° 51' 54 " long. Est.

Le nom de la montagne est porté sur la *Carte générale de l'Indo-Chine*, éditée en 1873 par la Commission française d'exploration du Mékong.

Il se passa, cependant, de nombreuses années avant que le Phnom devînt l'objet de reconnaissances géodésiques et topographiques effectuées avec suite et selon des méthodes modernes. A l'heure actuelle, grâce au Service géographique de l'Indochine, nous en possédons une carte régulière au 1 : 100.000" (feuille n° 159 bis). Exécutée en 1913-14 sous la direction du lieutenant Marec, elle contient un grand nombre de données soigneusement vérifiées que l'on chercherait en vain sur des cartes plus anciennes. Par malheur, cette feuille s'arrête, dans son état actuel, immédiatement au Nord de 15 G 20'. Il est peut-être permis d'espérer que ce vide ne subsistera plus longtemps et que les futurs visiteurs du Kulèn auront, d'ici peu d'années, à leur disposition une documentation cartographique absolument complète. En attendant, on peut utiliser, pour une étude générale de la région, la carte au 1 : 500.000ᵉ de M. Bornet, ancien chef du Service du Cadastre au Cambodge.

Nous aurons à mentionner plus loin la *Carte archéologique de l'ancien Cambodge* exécutée en 1911 par le commandant Lunet de Lajonquière.

Il peut paraître étrange que le Mont Kulèn ne figure pas dans l'*Atlas de l'Indochine* de 1920. S'agit-il d'un simple oubli ou d'une omission volontaire ? Je l'ignore. Mais, en prévision d'une réédition possible de ce recueil, il y a peut-être lieu de plaider d'ores et déjà la cause d'une montagne qui mériterait plus que n'importe quel autre accident orographique de la plaine cambodgienne d'être qualifiée de « montagne historique ».

IV

Voyons maintenant, comment se présente le massif du Kulèn sur la carte schématique que le colonel Edel, chef du Service géographique, a bien voulu faire dessiner pour nous.

On constate de suite qu'il s'agit non d'une colline proprement dite, mais d'un plateau de forme assez régulière et dont les bords s'abaissent brusquement vers la plaine. Son axe N. O.-S. E. mesure environ vingt kilomètres. Les cotes d'altitude maxima attaignent presque 500 mètres. Du côté Nord-Ouest, le plateau se partage en plusieurs collines où se creusent de

Cliché E.F.E.O.

Mont Kulên. Rivière de Siemréap.

nombreuses combes et vallées ; il se prolonge ensuite, vers le Nord, en un chapelet de mamelons et de buttes rocheuses, jusqu'aux premiers contreforts des monts Dangrek.

Dans l'une des vallées dont le thalweg s'oriente vers le Nord-Ouest, se dessine le lit sinueux de la rivière de Siemréap. Un autre cours d'eau prend naissance au Sud de la montagne et se dirige vers le Grand Lac, à travers la région de Roluos.

De ces deux rivières, celle de Siemréap est de beaucoup la plus intéressante pour nous. Après avoir quitté son étroite vallée, elle coule d'abord vers le Nord-Nord-Ouest ; elle tourne ensuite brusquement vers le Sud-Ouest et passe à proximité d'un mamelon de faible hauteur qui porte sur la carte le nom de Phnom Véak (1). Le groupe de ruines, figuré sur la carte près de cet endroit, est Bantéai Srei. C'est un des monuments les plus remarquables du Cambodge pour la beauté des sculptures. L'honneur de sa découverte revient à un officier du Service géographique, le lieutenant Marec, qui le signala en 1914 à l'Ecole française.

Le pays d'alentour est peu attrayant. De rares forêts, des marécages, des savanes où poussent de maigres arbustes et des hautes herbes. L'eau de la rivière, jusque là pure et transparente, se mélange avec le sable et les substances végétales qui se détachent des berges ; elle devient terne et se colore de jaune. Un peu au Nord et à l'Est d'Angkor Thom, la rivière dessine un coude à angle droit qui la rapproche de l'ancienne capitale. Elle est maintenant ombragée d'arbres de haute futaie et de buissons épais ; ses bords sont abrupts. Les lignes de son tracé sont tellement régulières que l'on se demande si son cours n'a pas été modifié artificiellement. A 700 mètres environ à l'Est de la Porte de la Victoire, elle rencontre un pont en grès, le *Spéan Thma*. C'est un vieux pont khmèr. Ses piles massives, ses arches étroites et ensablées entravent le passage des flots pendant la saison pluvieuse ; aussi la rivière s'est-elle creusé un lit à côté, à cinq mètres au-dessous de son ancien niveau, pour poursuivre sa route vers le Sud.

Peu à peu le paysage se modifie. Des groupes de cocotiers, des plantations d'aréquiers, des banians, des manguiers se substituent aux arbres sauvages ; des pagodes dorées scintillent au soleil. Nous sommes à Siemréap, à quelques kilomètres seulement du Grand Lac. Large d'une vingtaine de mètres, la rivière est encadrée de berges vertes où se dressent des huttes sur pilotis. Elle est encombrée de sampans et de filets, et elle fait tourner des norias grinçantes, dont la lenteur accuse la faiblesse du courant. Après Siemréap, nouveau changement de décor. Les palmiers disparaissent, et de

---

(1) Nous croyons que le cartographe a interverti les noms de Phnom Véak et de Phnom Dei. C'est sous ce dernier nom que la butte en question est connue des indigènes.

mornes marécages buissonneux, assez semblables aux maremmes d'Italie, s'étendent à droite et à gauche. Plus loin, c'est la région inondée avec ses arbres gris et tortueux, où perchent des échassiers. La pente de la rivière est presque nulle. Elle a atteint son niveau de base, et ses eaux somnolentes s'écoulent par d'innombrables rigoles et des canaux artificels vers l'immense cuvette du Tonlé-Sap. Non loin de l'endroit où elle s'unit aux eaux du Grand Lac, se dresse le Phnom Krom, colline isolée, haute de quelque 200 mètres et dont le sommet porte un temple khmèr en ruines. Ceux qui ne craignent pas d'en gravir les pentes nues et caillouteuses, peuvent apercevoir au loin, vers le Nord-Est, la silhouette estompée du Mont Kulên. La distance entre les deux points est d'environ 35 kilomètres.

V

Vu de loin, le massif du Kulên fait songer à un bastion formidable dont les flancs seraient envahis par une végétation épaisse. Il faut avoir atteint le pied de la montagne pour se rendre compte de l'aspect très tourmenté de ses pentes. La roche qui la compose est un grès calcaire très tendre ; elle résiste peu à l'action destructrice des vents, des pluies et de la chaleur solaire. Aussi peut-on dire que la nature s'est livrée, dans certaines parties du Phnom, à de véritables hécatombes de rochers. Ce sont, à chaque pas, des éboulis impressionnants, des aiguilles à moitié sapées par les eaux fluviales, des traînées de sable et de gravier; et l'épais manteau de verdure qui recouvre ces débris n'en rend l'escalade que plus pénible.

Le massif entier, tel qu'il se présente maintenant, a été façonné par les pluies diluviennes qui tombent au Cambodge tous les ans pendant la mousson Sud-Ouest. C'est à elles qu'il doit la variété de son modelé et son abondant réseau hydrographique. Son aspect, d'ailleurs, continue à se modifier, imperceptiblement pour nos yeux, d'année en année, et à mesure que la roche s'effrite et se décompose, les manifestations d'une vie organique intense se multiplient sur les surfaces érodées.

On peut étudier au Phnom Kulên tous les aspects de la flore tropicale: les fougères arborescentes, les cycas, les orchidées, les mousses et lichens des régions chaudes. Grâce à la grande quantité de pourriture végétale amassée dans les fissures et cavités de la roche, et grâce aussi à la chaleur et à la constante humidité, ces plantes croissent dans des conditions particulièrement favorables, comme dans une serre chaude.

La faune n'est pas moins variée. Autrefois des chasseurs siamois se rendaient régulièrement dans la région pour capturer des troupeaux entiers d'éléphants sauvages. Les cerfs et les paons abondent dans les sous-bois où l'on rencontre également l'ours à miel, le pangolin, le python, le varan, le

singe gris, la panthère. Dans les hautes branches de vieux arbres habitent
des gibbons solitaires dont les stridents appels s'entendent de loin. Mais le
Mont Kulèn paraît être surtout la terre promise des entomologistes. J'ai
compté un jour, autour d'une flaque d'eau croupissante, plus de soixante
papillons, appartenant à plusieurs espèces et serrés les uns contre les autres
comme dans une vitrine de musée. Il ne manquait que les étiquettes!
L'illustre genre des Ornithoptères était représenté dans cette étonnante
collection par deux magnifiques spécimens aux grandes ailes noir et or.

Mont Kulèn. Lingas sculptés dans un banc de roche.

Les lieux ombragés et humides du plateau abritent encore d'autres
hôtes. Le lieutenant Delaporte avait déjà constaté la présence, dans les
montagnes au Nord-Est d'Angkor, de vipères vertes qui se glissaient parfois
jusque dans ses bagages et sous ses nattes. J'ai eu l'occasion de vérifier
l'exactitude de ce renseignement. Le serpent en question est le *Budru* ou
Bothrops vert, proche parent du redoutable Fer-de-Lance des Antilles.
Un individu appartenant à cette espèce fut tué par l'un de nos coolies devant l'entrée d'un temple. Il mesurait environ 0m70. Ses écailles étaient
d'un beau vert doré. La morsure de ce reptile peut causer de graves acci-
dents, et les indigènes la craignent beaucoup.

On n'est pas non plus absolument sûr d'éviter la rencontre, dans les épais fourrés, d'un autre serpent venimeux, plus dangereux que le *Bothrops*, et dont la taille dépasserait parfois trois mètres; bon nageur, il hante surtout les bords des ruisseaux. D'après la description fournie par notre guide cambodgien, j'ai cru y reconnaître le fameux *Naja bungarus* ou Ophiophage dont l'existence a déjà été signalée dans diverses régions forestières de l'Indochine.

Qu'il me soit permis d'exprimer un vœu à la suite de cette brève digression zoologique. Il existe un grand nombre de travaux spéciaux sur la faune et la flore indochinoises, mais jusqu'ici il n'a point paru d'Histoire naturelle de l'Indochine. Et pourtant, la publication d'un pareil ouvrage s'impose. Ce qu'il y a lieu de réclamer surtout, ce sont, à mon avis, des planches coloriées et des notes prises devant le sujet vivant, selon les vieilles, mais excellentes méthodes des Buffon et des Brehm. Sans nuire aux recherches de laboratoire, ce livre deviendrait en peu de temps la bible de nos amateurs naturalistes (1).

VI

Le premier visiteur français du Phnom Kulên paraît avoir été le commandant Doudart de Lagrée, l'illustre explorateur du Mékong. Il ne résulte pas de ses notes et lettres qu'il soit monté sur les parties hautes du massif, mais il en avait gravi assurément les pentes et étudié de près les carrières dont l'existence avait déjà été signalée par Henri Mouhot, lors de la découverte d'Angkor (2). La date exacte de cette excursion n'est pas connue. Elle s'inscrit sans doute entre les années 1863 et 1866.

Le commandant de Lagrée ne mentionne pas les vieux monuments khmêrs situés sur le plateau du Phnom. Fort probablement, il en ignorait l'existence au moment de sa venue. Par contre il décrit en détail les carrières qui lui avaient fourni de précieux renseignements techniques sur l'édification d'Angkor.

Cette cité, on le sait, a été construite avec deux sortes de matériaux. Pour les enceintes, les soubassements, pour tout ce qui n'exigeait pas

---

(1) Ce travail a été amorcé par M. L. Bouran, directeur de la Mission scientifique permanente, dont les *Décades zoologiques*, illustrées de planches coloriées à la main et de photographies, commencèrent à paraître en 1905, à Hanoi. Malheureusement, cet ouvrage est resté inachevé.

(2) Cf. E. Doudart de Lagrée, *Explorations et missions*, Paris, 1883, p. 204.

une taille particulièrement soignée, on employait des blocs de latérite ; on édifiait en grès les parties destinées à recevoir des sculptures.

La latérite est une roche volcanique de couleur brun rougeâtre et d'aspect granulé. C'est la pierre dite « de Biên-hoà ». Les Cambodgiens l'appellent *bay kriem*, c'est-à-dire « riz grillé ». Ses gisements constituent le sous-sol même d'Angkor. Quant au grès, on n'en trouve pas à proximité de l'ancienne capitale, et pour s'en procurer il fallut creuser de vastes carrières au pied des collines voisines.

Les blocs extraits de ces carrières sont de couleur gris-jaune ou légèrement rosée. D'une taille facile, ils durcissent rapidement à l'air. Il n'est pas rare qu'un linteau ou un pilastre décoratif exécuté dans cette pierre semble modelé dans de la terre glaise. On ne saurait imaginer une matière qui se fût mieux prêtée à la réalisation de l'immense programme conçu par les rois bâtisseurs d'Angkor. Par malheur, le grès du Kulèn, nous l'avons déjà dit, n'est pas une roche durable. Il s'effrite et s'émiette lorsqu'il est exposé au vent et à la pluie, et à l'heure actuelle il n'existe pas de temple dans toute la région d'Angkor dont les sculptures n'aient pas été plus ou moins altérées par l'action brutale du climat tropical.

Un problème important est de savoir comment on procédait au transport des blocs débités sur place. Entre le Mont Kulèn et Angkor Thom, on compte environ trente kilomètres à vol d'oiseau. La distance paraît énorme lorsqu'on songe à la quantité de pierres nécessitées par la construction de la cité royale et de ses temples. Il existait, sans aucun doute, des chaussées établies spécialement pour le halage des matériaux ; en outre, on pouvait utiliser, du moins pendant les pluies, la rivière de Siemréap. Mais dans l'état actuel de nos recherches, il est difficile, sinon impossible, de tracer sur une carte les voies par lesquelles le grès du Mont Kulèn était acheminé vers les chantiers d'Angkor.

Quant au principal mode de traction, aucun doute n'est possible à ce sujet. Un bas-relief du Bayon nous montre une équipe de coolies halant ou poussant péniblement des blocs de pierre. Pour stimuler et rythmer leur effort, on fait retentir le gong. Les plus lents sont menacés par le rotin du contremaître. Dans certains cas, lorsqu'il s'agissait de blocs particulièrement lourds ou que les routes étaient défoncées par les pluies, on a dû avoir recours aux éléphants.

Il ne semble pas que le peuple cambodgien ait gardé le souvenir de ces rudes corvées. Bien au contraire : s'il faut en croire les légendes locales, Angkor serait l'œuvre du dieu Viçvakarman et de ses équipes célestes ; quant aux matériaux employés par cet extraordinaire architecte, ils avaient été tout bonnement déposés à ses pieds par des Apsaras gracieuses, « habitantes éthérées du paradis ».

La cascade du Prah Thom.

VII

En février 1867, Francis Garnier fit une visite rapide au Phnom. « Après avoir gravi les premières pentes, écrit-il, je me trouvai au milieu d'une plaine complètement déserte, recouverte de hautes herbes et parsemée de quelques bouquets d'arbres. Sur l'un des points les plus élevés je

Le Prasat Kraham.

rencontrai des ruines khmères : ce sont des tours en briques dont la base est déjà profondément enfouie dans le sol. » (1) Les indications données par Garnier ne sont pas suffisamment claires pour que l'on puisse indentifier les ruines vues par lui. La « plaine déserte » dont il parle pourrait être le plateau dénudé qui se trouve à proximité du Prah Thom, groupe de rochers aménagés en sanctuaires bouddhiques à une époque relativement récente.

____

(1) Cf. _Voyage d'exploration en Indochine_, tome I. p. 245 suiv.

Un autre collaborateur distingué du commandant de Lagrée, le lieutenant Louis Delaporte vint faire, en 1873, une courte halte non loin de la
montagne. Les quelques lignes qu'il lui a consacrées dans sa relation
de voyage ne présentent que peu d'intérêt au point de vue archéologique

Prasat Kraham. Gargouille de somasutra.   Cliché E.F.E.-O.

VIII

C'est avec M. Etienne Aymonier que commence l'exploration méthodique
du Mont Kulèn. Attiré autant par les sites pittoresques que par les monuments à étudier, ce savant y fit plusieurs séjours dont le dernier, je crois,
date de 1883 (1).

M. Aymonier savait tirer les plus grands avantages de sa parfaite connaissance de la langue cambodgienne. Il était en outre le représentant officiel
du Protectorat français. Ce fut pour lui chose facile que de se procurer sur
place les renseignements nécessaires. Il parcourut le plateau guidé par
les bûcherons du pays qui lui frayaient avec leurs coupe-coupes un passage

____

(1) Le Kulèn a été décrit par Aymonier dans son grand ouvrage sur le Cambodge,
t. I, chap. XX et t. II, chap. XV.

à travers la brousse. Plusieurs ruines khmères furent ainsi répérées. Sur le versant Nord-Est il trouva des grottes naturelles aménagées en sanctuaires. C'est là qu'il eut la bonne fortune de découvrir plusieurs inscriptions gravées sur des rochers.

Ces grottes et ces inscriptions révélèrent des faits intéressants. A l'époque des rois d'Angkor, le Mont Mâhendra fut une montagne sainte. Des ermites venaient s'y établir dans des sites isolés. C'était un centre de purification spirituelle et de contemplation, une sorte de Thébaïde khmère. Les textes anciens, non moins que les bas-reliefs d'Angkor-Vat et du Bayon, nous renseignent sur les occupations et les habitudes de ces solitaires. Il y avait parmi eux quelques véritables yogis qui se livraient à des pratiques pénibles afin d'émacier le corps et de dompter les sens. Mais la plupart d'entre eux menaient une existence moins austère. Ils se contentaient d'obéir à leurs gurus ou maîtres spirituels, d'observer strictement les préceptes rituels de caste et de remplir les prescriptions de l'hospitalité. Ils vivaient en bonne entente avec les animaux de la forêt, et des cerfs apprivoisés venaient brouter l'herbe devant leurs huttes. Certaines de ces retraites étaient patronnées par des laïques influents. Les rois s'y rendaient en pèlerinage. La montagne elle-même, avec ses rochers, ses forêts, ses sources et ses grottes naturelles, était en quelque sorte divinisée par la présence de ces ermitages. Elle évoquait, aux yeux de la foule dévote, les monts Himalaya dont la cime la plus haute, le Kailâsa, passait pour le paradis de Çiva. Ce dieu puissant, chef suprême de tous les anachorètes, était le protecteur religieux du Mont Mâhendra. Il assistait, invisible, aux sacrifices quotidiens et à la prière du lever du jour, et son « âme subtile » résidait dans les idoles que ses adorateurs sculptaient sur les rochers, autour de leurs demeures.

L'une des grottes porte une inscription en vers sanscrits dont M. Finot a bien voulu me communiquer la traduction encore inédite :

En l'année 1073, les dieux, Maheça (Çiva) en tête, avec les Ganas (génies) et les déesses, Pârvati en tête, ont été érigés, exactement suivant le rite, par moi, appelé Çivasoma, sur les flancs d'une grotte (ou des grottes) du Mont Mâhendra.

Qui était ce Çivasoma ? Sans doute, un de ces ascètes « au cœur pur » qui pratiquaient toutes les vertus, sauf peut-être celle que Renan avait appelée « la résignation à l'oubli ». Quant aux images mentionnées dans le texte, elles sont exécutées en haut-relief sur la face orientale de la principale roche (1).

---

(1) E. Lunet de Lajonquière, *Inventaire descriptif des monuments du Cambodge*, vol. II, p. 316. Le nom actuel de la grotte est *Pony keng kang*, c'est-à-dire « Grotte de l'Essieu de roue ». Le rocher ressemblerait, en effet, à une roue de charrette cambodgienne posée à terre sur son essieu La date de l'inscription (995 de l'ère çaka) a été convertie par nous en année de l'ère chrétienne

Prasat Damrei Krap.

Dans une autre grotte (Pong Prah Put Lœr) on peut voir une série de sculptures représentant les principaux dieux brahmaniques auxquels est associé, cette fois, un Buddha en méditation. Les strophes en khmèr et en sanscrit qui les accompagnent, sont particulièrement intéressantes. Elles ont été également traduites par M. L. Finot. En voici le texte en français :

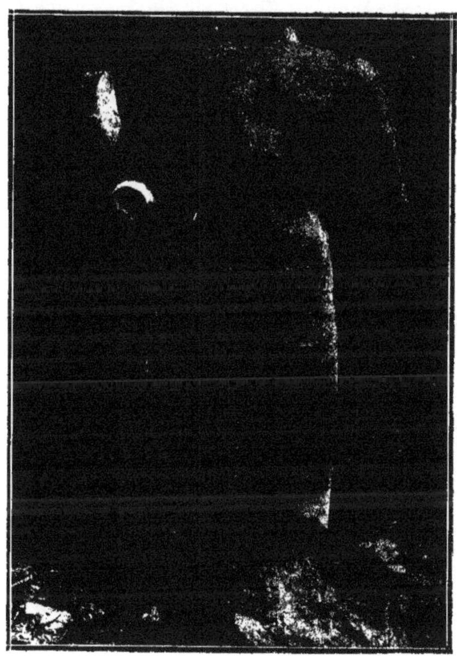

Statue brahmanique Cliché E.F.E.-O
trouvée a l'intérieur du Prasat Damrei Krap

A. — Strophe khmère : *Le groupe des ascètes, honnétes et gens de bien, venu à cette grotte sanctifiante, (a fait sculpter) avec zèle les souriants et bienfaisants Brahmâ, Vishnou, Parameçvara (Çiva) et Buddha. L'image du Buddha a de brillantes pierres précieuses : comme il n'existe pas une mine de qualités supérieures à lui seul, lui seul est embelli de purs joyaux. Les cinq ascètes ont fait ces quatre (images).*

B. — Strophe sanscrite : *L'âcârya* (maître) *Kîrttivara* *a composé l'hymne pieux. Il possède les qualités de puissance, de naissance, la piété, et il suit la carrière des Tathâgatas* (Buddhas). *Il est dévot à Maheçvara* (Çiva) *par tradition de famille. Que cette grotte, entreprise excellente de cet homme à la pénétrante intelligence, soit prospère !* (1).

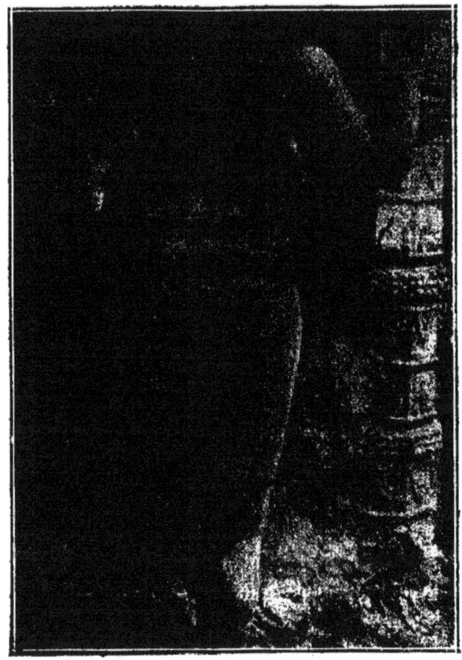

Cliché E.F.E.-O.

Même statue, vue de dos.

Ces deux textes constituent un exemple curieux de ce syncrétisme religieux, de cette tendance à amalgamer les cultes, qui se manifeste assez fréquemment dans l'histoire religieuse du Cambodge.

____

(1) Cf. *Les inscriptions bouddhiques du mont Koulèn* par J. Roeské dans le *Journal Asiatique*, 1914, mai-juin, p. **637**. La traduction de la strophe khmère y présente certaines lacunes et le sens de l'inscription n'y paraît pas absolument clair. Quant à la grotte et à ses sculptures, cf. Lunet de Lajonquière, op. cit., vol. I. p. **313**.

Aymonier mentionne encore une troisième grotte, celle de Prah Thvéar, et quelques autres sanctuaires situés sur les pentes et au pied du Mont Kulên, où il rencontra, en outre, des pierres évidées en forme de bassins, des socles moulurés, des fragments de statues (1).

Un des sites les plus remarquables se trouve dans la partie Ouest du plateau, non loin des rochers du Prah Thom. Il évoque le souvenir d'un légendaire Roi lépreux dont la statue apocryphe se dresse sur une terrasse d'Angkor Thom et qui serait venu dans ces parages isolés pour soigner ses inguérissables ulcères. On y montre une multitude de lingas taillés dans un banc de roches sur lequel coulent les eaux vives et limpides de la rivière de Siemréap. Le plus grand aurait servi de lieu de repos au souverain malade (2).

La présence de ces sculptures s'explique aisément. Ce sont des ex-voto. Leur consécration était un événement important dans la vie mystique des yogis. Les flots qui les baignaient se transformaient à leur contact en eaux lustrales. Mais la signification rituelle de ces idoles est oubliée depuis longtemps, et la tradition populaire leur attribue actuellement une origine miraculeuse. Au dire des Cambodgiens modernes, ces emblèmes aux formes arrondies auraient été pondus par les planètes, et c'est de là que leur serait venu ce nom étrange de *Pong phkay* qui signifie « Œufs des étoiles ».

Une question importante a été soulevée par M. Aymonier et quelques éminents sanscritistes à propos de certaines inscriptions qui mentionnent une cité royale ou *purî* située sur le Mont Mâhendra (3). Cette cité aurait été construite, au IX⁰ siècle, par le roi Jayavarman II. On devine l'attrait que présente le problème. Malheureusement, la solution se fera encore attendre. Les témoignages épigraphiques manquent de précision. Les avis des spécialistes sont partagés. Les uns voudraient situer la mystérieuse capitale au bas de la montagne, les autres la placent au sommet (4). On peut alléguer en faveur de cette dernière hypothèse l'existence d'un escalier gigantesque en latérite qui s'adosse aux pentes Ouest du plateau et dont la

---

(1) La grotte de Prah Thvéar contient une inscription dont M. G. Cœdès a publié la traduction dans le *Bull. de l'Ecole fr. d'Extrême-Orient*, t. XI, p. 398 suiv. Le texte nous fait connaître l'ancien nom du sanctuaire : *Çambhuguhâ* ou « Grotte de Çiva ». Le pénitent qui l'habitait jadis s'appelait Dharmâvâsa

(2) Selon Aymonier, il s'agirait d'un personnage historique, peut-être du roi Yaçovarman (889-909 env.), voir *Histoire du Cambodge ancien*, p. 104. J. MOURA, dans *Le Royaume du Cambodge*, vol. II, p. 372, donne quelques détails intéressants relatifs à cette légende.

(3) Par exemple, l'inscription de Sdok Kak Thom; cf. L. FINOT, *Notes d'Epigraphie*, XIV-XX, dans *Bull. de l'Ecole française d'Extrême-Orient*, t. XV, n° 2, p. 79. Cf. aussi A. BERGAIGNE, *Chronologie de l'ancien royaume khmèr*, dans *Journal Asiatique*, janvier 1884, p. 59.

(4) Cf. AYMONIER, *Histoire du Cambodge ancien*, p. 70 suiv.

Sras Damrei. Eléphant monolithe.

hauteur totale dépasse 200 mètres. Il paraît, en effet, peu probable qu'une œuvre aussi importante eût été entreprise et menée à bonne fin dans l'unique but de faciliter l'accès de la montagne à des pèlerins.

Les connaisseurs de céramique indochinoise m'en voudraient peut-être si je ne disais pas quelques mots des poteries du Phnom Kulèn. A deux kilomètres au Sud-Sud-Ouest du village d'Anlong Thom, il existe, au milieu de la forêt, un vaste espace couvert d'herbes et traversé par deux levées de terre perpendiculaires l'une à l'autre. L'endroit est connu sous le nom de *Sampou Thleai (Jonque brisée).* On y trouve en grande quantité des débris de vases, d'épis de faîtage, de tuiles. Tous ces fragments proviennent de pièces mal venues ou éclatées pendant la cuisson. Ils se distinguent des produits ordinaires de la céramique cambodgienne par la présence d'un vernis, d'ailleurs assez grossier, de couleur brun-jaunâtre ou brun-vert (1). Selon les indigènes, des potiers chinois auraient jadis établi leurs fours dans ce site. Ils seraient arrivés dans une jonque et auraient fait naufrage au sommet de la montagne. A part le dernier détail, cette tradition paraît reposer sur des faits réels, et l'on est tenté d'attribuer à ces mêmes Chinois la plantation des letchis auxquels le Phnom Kulèn doit son nom actuel.

IX

J'ai maintenant à vous parler de l'Ecole française d'Extrême-Orient.

Lorsque fut fondée cette institution, il y a quelque 25 ans, le Phnom Kulèn n'appartenait pas entièrement au Cambodge français. Une partie de la montagne se trouvait en territoire siamois, et ce n'est qu'en vertu du traité franco-siamois de 1907 que l'ensemble de la région fut incorporé au domaine scientifique de l'Ecole.

Les premières recherches et travaux de classement portèrent donc sur les monuments situés dans la partie « cambodgienne » du Phnom (province de Promtep). Un officier supérieur attaché à l'Ecole, le commandant Lunet de Lajonquière, précisa la situation géographique des ruines et sites découverts par Aymonier et en fit la description détaillée (mission 1899-1901); il signala en même temps de nombreux autres sites archéologiques. Quelques années plus tard, il revint dans la région et compléta son travail par l'étude des monuments qui se trouvaient, lors de sa première mission, de l'autre côté de la frontière. Les données ainsi recueillies ont été publiées dans les tomes I et III de l'*Inventaire descriptif des monuments du Cambodge.*

---

(1) Voir à ce propos le chap. XIII de *Recherches sur les Cambodgiens*, par G. GROSLIER. Cet auteur attribue les poteries du Phnom Kulèn à une époque antérieure au XIV⁰ siècle.

Sras Damrei. Animaux monolithes.

Cliché E.F.E.-O.

Toutes les localités d'intérêt archéologique, une vingtaine environ, ont été portées sur la carte au 1 : 750.000" qui accompagne cet ouvrage.

Il résultait des indications fournies par M. de Lajonquière que l'exploration du Mont Kulên n'était pas encore terminée et qu'il était possible d'y réaliser de nouvelles découvertes. Mais ce n'est que tout récemment que l'Ecole française, absorbée jusqu'ici par les travaux d'Angkor, a pu reprendre contact avec cette région.

En avril 1923, le conservateur actuel d'Angkor, M. Henri Marchal, y fit une excursion de cinq jours, consacrée surtout à l'étude des temples qui se trouvent à proximité des villages d'Anlong Thom et de Ta-Set, en pleine forêt. Ces prâsàts se classent, d'après leur style, parmi les monuments de l'art khmèr primitif, dont M. H. Parmentier a retracé l'évolution et dont il fixera un jour, sans doute, les origines. On peut donc affirmer que le Mont Kulên possédait déjà des temples et des sanctuaires bien avant que ne fussent élevés, dans la plaine boisée du Grand Lac, les remparts et les tours d'Angkor Thom.

Au début de cette année, enfin, le vénérable mont Mâhendra reçut la visite de notre distingué chef du Service archéologique. Le but de cette excursion était d'examiner en détail les monuments de style primitif dont quelques-uns avaient déjà été décrits par M.H. Marchal, et de reconnaître plusieurs sites archéologiques signalés par des indigènes au commandant de Lajonquière, mais qui n'avaient encore été visités par aucun européen.

J'ai eu l'honneur d'accompagner M. Parmentier au cours de ce voyage et de l'assister dans ses recherches. Les courtes notices qui servent de commentaire à nos images sont extraites de mes carnets de route.

X

Le PRAH THOM. — Les Cambodgiens appellent ainsi un ancien ermitage hindouiste, dont les rochers et les grottes, jadis habitées par des yogîs, abritent actuellement des buddhas. C'est le premier point qu'il convient de visiter lorsqu'on a gravi les quelque trois cents marches géantes en latérite qui donnent accès à la partie Ouest du plateau. Le lieu est maintenant désert. Les bonzes annamites qui y étaient installés l'ont depuis longtemps abandonné, et il paraît peu probable que des religieux cambodgiens soient jamais tentés d'y établir une pagode, à cause de l'isolement du site et des difficultés que présente la quête quotidienne dans une région où il n'y a presque pas de villages.

La principale idole du Prah Thom est un buddha couché dans l'attitude du Nirvâna. Longue d'une dizaine de mètres, elle est sculptée dans le sommet d'un bloc de grès et abritée par une paillotte ; on y accède au moyen d'une échelle appuyée contre le rocher. L'image est de basse époque et de facture médiocre ; elle est en outre couverte d'une couche de vernis, ce qui la fait paraître plus moderne encore qu'elle ne l'est peut-être en réalité. Une *sâlâ* élevée à côté du rocher sert de gîte aux pèlerins qui viennent encore vénérer le « Grand Buddha ».

Au Nord et à l'Ouest du Prah Thom coule la rivière de Siemréap vers laquelle descendent plusieurs sentiers. L'un de ces sentiers traverse un plateau dénudé où affleure la roche gréseuse et où poussent, ça et là, dans un mince tapis de terre, des ananas sauvages. C'est ensuite la plongée brusque dans l'épais fourré où des pistes d'éléphants se croisent dans les hautes herbes.

Des bords de la rivière, large, en cet endroit, d'environ quinze mètres, on aperçoit les lingas taillés à même la roche ; mais l'eau fuyante les entoure d'un tel scintillement que l'on a quelque peine à les distinguer. Pour bien voir, il faut se déchausser et descendre dans la rivière. Les lingas sont tous exécutés d'après le même schéma ; ils présentent chacun l'aspect d'une calotte sphérique encastrée dans une sorte de casier quadrangulaire qui figure sans doute la « cuve à ablutions ». Leur nombre se chiffre par centaines.

A côté de ces lingas déjà connus et décrits, nous avons constaté la présence d'autres sculptures, également taillées dans le lit de la rivière et que personne n'avait mentionnées jusqu'ici. Ce sont de minuscules images de Vishnou représenté en tant que « dormeur éternel et créateur du monde ». Le dieu est étendu sur le serpent Çesha, tandis que son épouse, Lakshmî, est accroupie à ses pieds. L'image, exécutée en bas-relief d'une façon fort sommaire, se répète une vingtaine de fois le long de la rive droite, un peu en amont du pont de bois qui traverse la rivière. Au dire d'Aymonier, une statue féminine brahmanique à quatre bras se trouverait dans le voisinage immédiat des lingas ; nous n'en avons relevé aucune trace.

A un kilomètre en aval de ce site, la rivière se précipite brusquement, d'une hauteur de 25 à 30 mètres, dans une vallée étroite. C'est là l'un des lieux les plus pittoresques de la région. La nappe d'écume blanche enveloppe en tombant des bouquets de fougères et d'autres plantes accrochées aux saillies des rochers. Au pied de la cascade, l'eau s'est creusé un réservoir naturel d'où elle s'échappe par minces filets en serpentant autour des blocs épars que recouvre une mousse émeraude. La végétation alentour atteint un maximum de densité. On avance avec mille difficultés en faisant abattre les lianes et les branches épineuses qui s'accrochent aux vêtements. La forêt est peu connue, même des indigènes, qui évitent d'ailleurs de la traverser à cause d'une plante vésicante qu'on y rencontre fréquemment et dont le contact provoque de douloureuses brûlures.

C'est dans ce site encore inexploré que nous eûmes la bonne chance de découvrir un prâsât khmèr avec son enceinte en latérite. A première vue, ce monument, dont les tours et les galeries sont construites en grès, semblait confirmer le témoignage des textes anciens relativement à une capitale du roi Jayavarman II perdue dans la brousse du Mont Kulèn ; malheureusement, si l'on en juge d'après ses sculptures, il ne peut s'agir que d'un monument appartenant au XIIIe ou XIVe siècle, c'est-à-dire à une époque relativement basse.

Beng Méaléa.

Cliché E.F.E.-O.

LE PRASAT KRAHAM. — A quatre kilomètres à l'Est du Prah Thom est situé le petit village de « l'Ours à miel » (Phum Khla Khmum), d'où l'on peut se faire conduire, à travers la forêt, au Prasat Kraham.

Ce temple se dresse sur un plateau de roches isolé, ouvert à tous les vents et d'où l'on découvre une vue superbe sur les hauteurs et les contreforts Est du Phnom. Il est visible de loin. Ses murs sont en briques, et c'est de là que lui vient sans doute son nom actuel qui signifie « Tour rouge ».

Il ajoute une tache de couleur vive à un paysage un peu terne, composé d'arbres clairsemés, où prédominent le gris des lianes et le jaune fané des herbes brûlées par le soleil.

Son aspect massif, la simplicité du décor sculpté et la sobriété élégante de ses profils évoquent le souvenir de certaines tours chames. Il se peut, d'ailleurs, que cette ressemblance ne soit pas absolument fortuite.

Le monument est en bon état de conservation, à l'exception de la cella où des chercheurs de trésors ont causé de graves dégâts. Il n'a qu'une seule entrée, orientée vers l'Est. Sa face septentrionale est munie d'un *somasûtra*, motif assez rare dans l'architecture khmère. C'est une sorte de conduit en grès qui communique, à travers le mur, avec l'intérieur du temple et par où s'écoulaient les liquides purifiants répandus sur l'idole par les prêtres.

Les indigènes qui signalèrent le temple au commandant de Lajonquière avaient mentionné la présence, devant la porte, d'une statue de Ganeça. Ce renseignement est inexact. Il existe bien dans le site une petite idole de ce dieu, mais elle se trouve à quelques centaines de mètres à l'Est de la tour, dans une fissure de roc.

Il n'est guère possible de dater le Pràsàt Kraham d'une façon précise. On peut supposer qu'il est antérieur d'un siècle ou deux aux plus anciens temples d'Angkor. C'est un spécimen remarquable de cette curieuse architecture en briques qui précéda au Cambodge l'architecture en pierre et se maintint à côté d'elle pendant plusieurs siècles.

Le Prasat Damrei Krap. — La même tradition architecturale peut être étudiée sur trois autres tours connues sous le nom de Prasàt Damrei Krap (Temple de l'Eléphant accroupi) (1). Elles se trouvent à une heure et demie de marche au Sud-Sud-Ouest du village d'Anlong Thom où ont été tout récemment installées, par les soins du délégué de Siemréap, quatre *sálas* en paillottes (2).

Les trois tours disparaissent à moitié derrière les arbres ; il fallut procéder à un débroussaillement sommaire afin de pouvoir examiner et photographier les sculptures de style primitif qui en constituent la décoration. A l'intérieur du temple central se trouvent les restes d'une belle statue brahmanique de taille humaine, représentant un dieu debout, avec deux paires de bras. Le modelé en est remarquable ; telle quelle, malgré son mauvais état de conservation, cette sculpture mériterait une place d'honneur au Musée Albert Sarraut. L'absence de la tête et des mains ne permet pas d'identifier le dieu. Au dire des indigènes, ce serait un Vishnou.

---

(1) Voir *Inventaire des monuments du Cambodge*, t. I., p. 239.

(2) Ces *sálas* étaient construites expressément pour les membres de la délégation parlementaire, qui du reste ne vinrent pas au Phnom Kulèn.

Il existe au Phnom Kulèn encore d'autres tours en briques appartenant
à l'époque primitive, parmi lesquelles les plus importantes sont le Pràsàt
Andong dont la construction avait été à tort attribuée à des Chinois, et le
Pràsàt Néak Ta situé à proximité d'Anlong Thom, non loin du sentier qui
descend vers Beng Méaléa.

Le Sras Damrei. — Le site auquel nous allons consacrer maintenant
quelques mots, mériterait, à lui seul, un pèlerinage au Mont Kulèn. On peut
l'atteindre en trois quarts d'heure en partant du hameau de Ta Set situé au
Sud-Ouest d'Anlong Thom (1). Avant de s'engager dans l'inextricable fourré,
il est prudent de faire subir aux guides un court interrogatoire afin de s'as-
surer qu'ils ont réellement visité le Sras Damrei et vu ses monuments monolithes. On risque autrement de s'égarer.

Les monuments en question, quoique mentionnés dans l'*Inventaire* de M.
de Lajonquière, n'étaient connus jusqu'ici que grâce aux indications fournies par les habitants de la région. Aucun visiteur européen n'en avait encore
re repéré l'exact emplacement et apprécié la valeur artistique. Les photographies rapportées de notre excursion constituent en quelque sorte une
première contribution à la connaissance d'un site dont l'étude méthodique
est encore à faire.

Le groupe monolithe du Sras Damrei se compose d'un éléphant, de deux
lions géants stylisés à la façon des lions khmèrs, et d'une autre bête qui
offre une vague ressemblance avec un tigre. L'ensemble est d'un effet impo-
sant. Toutes ces images sont taillées en pleine ronde-bosse. L'éléphant mesure 3 m. 85 de hauteur, le plus grand des deux lions 2 m 90. Leur disposition n'a rien d'architectural ; elle paraît avoir été uniquement commandée
par le choix d'un rocher susceptible de recevoir la forme voulue par le
sculpteur. Des fragments de latérite disséminés alentour dans les herbes et
sous des monceaux de feuilles sèches, indiquent cependant qu'il existait autrefois dans ces parages des constructions en pierre.

Plus bas, à quelque cinq cents mètres des sculptures rupestres, se trouve
le Sras Damrei ou Bassin des Eléphants qui s'est transformé depuis longtemps
en un terrain bourbeux hérissé de joncs. Nous n'avons pu en explorer les
bords, faute de temps.

La taille sculpturale de rochers entiers n'a été que peu pratiquée par les
Khmèrs. Le principe du monolithisme, si familier aux imagiers et architectes
hindous, s'est à peine manifesté dans l'art du Cambodge. Le *Kailàsa* d'Ellora
et les falaises sculptées de Mahàvellipour n'ont pas leur équivalent en pays
khmèr. C'est précisément à cause de ce fait que les colosses du Sras Damrei
présentent pour l'historien d'art un intérêt exceptionnel et qu'il s'impose de
reprendre et de mener à bonne fin les recherches amorcées dans ce site.

---

(1) Le site voisine avec le Prasat Damrei Krap.

XI

S'il m'est permis de terminer cette causerie en donnant un conseil aux futurs visiteurs du Mont Kulèn, je les engagerai à ne pas choisir, pour la descente dans la plaine, le chemin par lequel ils sont venus. Il existe, au Sud du village d'Anlong Thom, des pistes et des sentiers qui conduisent vers Beng Méaléa.

Les belles ruines, dont le nom évoque le souvenir d'un fils légendaire du dieu Indra, ne présentent pas, à première vue, les attraits d'un temple tel qu'Angkor-Vat. Elles n'ont, pour ainsi dire, pas de silhouette d'ensemble. Les tours et les galeries sont disposées sur le même plan, et leur état de ruine est tel que l'on s'égare facilement au milieu des édifices et des enceintes écroulés. Mais Beng Méaléa est l'un de ces monuments dont on peut dire qu'ils gagnent à être connus. Sa décoration sculpturale est extrêmement soignée et riche, A l'encontre de ce que l'on constate dans maint autre temple khmèr, les motifs d'ornement sont répartis avec une certaine recherche de sobriété et s'harmonisent très heureusement avec des surfaces nues. Cette tendance à créer un équilibre parfait entre les formes architectoniques et leur parure sculptée se manifeste surtout dans les deux édifices annexes qui paraissent avoir été destinés, l'un aux bains rituels des prêtres et desservants du temple, l'autre à des danses sacrées (1).

Aucun texte, aucune tradition historique ne nous fixe sur l'âge de ce monument, mais il résulte d'un examen attentif de son architecture qu'il ne peut être considéré comme antérieur à Angkor-Vat. Je n'hésite pas, pour ma part, à y voir, avec M. H. Parmentier, une œuvre du XIVe siècle, expression tardive, mais encore puissante du « miracle khmèr ».

---

(1) Voir à ce propos l'article de M. de Mecquenem dans le *Bull. de l'Ecole française d'Extrème-Orient*, t. XIII, p. 65 suiv.

IMPRIMERIE
D'EXTRÊME-ORIENT
HANOI

www.ingramcontent.com/pod-product-compliance
Ingram Content Group UK Ltd.
Pitfield, Milton Keynes, MK11 3LW, UK
UKHW031729170726
13836UKWH00002B/528